José Zorrilla

Sofronía

Barcelona **2024**
Linkgua-ediciones.com

Créditos

Título original: Sofronía.

© 2024, Red ediciones S.L.

e-mail: info@linkgua.com

Diseño de cubierta: Michel Mallard.

ISBN rústica: 978-84-9816-285-1.
ISBN ebook: 978-84-9897-899-5.

Sumario

Brevísima presentación

La vida

José Zorrilla (Valladolid, 1817-Madrid, 1893). España.

Tras estudiar en el Seminario de Nobles de Madrid, fue a las universidades de Toledo y Valladolid a estudiar leyes. Abandonó los estudios y se fue a Madrid. Las penurias económicas le hicieron a vender a perpetuidad los derechos de Don Juan Tenorio (1844), la más célebre de sus obras. En 1846, viajó a París y conoció a Alejandro Dumas, padre, George Sand y Teophile Gautier que influyeron en su obra. Tras una breve estancia en Madrid, regresó a Francia y de ahí, en 1855, marchó a México donde el emperador Maximiliano lo nombró director del teatro Nacional. Publicó un libro de memorias a su regreso a España.

Acto único

Pórtico interior en el piso bajo del palacio del Emperador Majencio, que da paso a, las habitaciones de Publio, Prefecto de Roma, y a los jardines. Puerta a la derecha, que da al interior del palacio. Puerta a la izquierda, que da a los aposentos de Publio y Sofronia. En el fondo una balaustrada de piedra, por cuyo centro se sale a los jardines del Emperador, que se extienden detrás de ella, iluminados por la Luna, decorados con estatuas, fuentes, arcos, jarrones, etc., etc. A lo lejos, y cerrando el cuadro, la loma del monte Aventino, frente al cual estuvo construido el palacio de los Césares, en donde se supone la Escena.

Escena I

Al levantarse el telón aparecerá Sofronia asomada a la balaustrada y mirando a los jardines con atención. Silano aparece al quinto verso por el fondo.

Sofronia   Vuelve; no hay medio ya, todo es inútil.
                 Acaben de una vez vanas excusas,
                 y repela sus bárbaros antojos
                 de la noble virtud la fuerza ruda.
                 ¿Quiere guerra? La habrá, desesperada.
                 Yo caeré acaso en tan horrenda lucha;
                 mas no me da pavor, yo la provoco;
                 muerta caeré, pero rendida, nunca.

Escena II

Sofronia y Silano

Sofronia   Pronto vuelves.

Silano   Da pronto y fácil paso
                 puerta en ese ala del palacio oculta.

Sofronia	¿Qué dice tu señor?
Silano	(Dándole una carta o papiro.)
	Lee lo que dice.
Sofronia	(Después de leer.)
	¿Por fuerza o voluntad he de ser suya?
Silano	Él mismo quiere de tu misma boca
	tu asentimiento oír o tu repulsa,
	y a ti vendrá dentro de poco: piénsalo;
	su voluntad con tu interés consulta,
	pero si aprecias un consejo, cede.
Sofronia	¿Quién tu opinión, esclavo, te pregunta?
	Silencio, y agradece si a sus plantas
	con lengua vuelves en la boca inmunda.
Silano	¿Esa respuesta le daré?
Sofronia	La misma.
Silano	Es el Emperador.
Sofronia	¿Lo pongo en duda?
Silano	Vas su furia a excitar.
Sofronia	Despeja, esclavo;
	yo desprecio su amor como su furia.
Silano	Dueño es de sus vasallos absoluto.
Sofronia	No llega su poder más que a la tumba.

Silano	Te la abre ante los pies tu resistencia.
Sofronia	Sabré en ella caer libre de culpa.
Silano	¿Eso dices?
Sofronia	No más.
Silano	Quieran los dioses valerte.
Sofronia	Ve.
Silano	Tu esclavo te saluda.

Escena III

Sofronia

Primero de una vez el pecho mío
desgarren sus verdugos, y una a una
las gotas de mi sangre derramadas,
el alma arranquen de la carne impura.
No me conoce aún, si espera necio
que a sus halagos mi virtud sucumba;
ni el imperio, que se huye de sus manos,
compre mi corazón ni le seduzca.
Si las damas romanas hoy olvidan
la alta nobleza que su sangre ilustra,
y de su Emperador se hacen esclavas
ofreciéndole viles su hermosura,
que alguna queda de su antigua raza
verán al menos para mengua suya;
y alguna queda que por alto ejemplo
sin vida caiga, mas sin honra, nunca.

Mas Publio...

Escena IV

Sofronia y Publio

Publio

                  ¡Aún aquí tú, Sofronia mía!
Mas ¿qué pesar te asalta? Ese encendido
color del rostro..., de tu mano fría
el temblor...

Sofronia

              ¡Tu ilusión!

Publio

                    No; yo he sentido
minar mi corazón lenta y traidora
una sospecha ruin, y harto ha que veo
que tu pecho secretos atesora
que en vano espío y comprender deseo.

Sofronia

Publio, y has visto bien; honda tristeza
me prensa el corazón.

Publio

                  ¿Quién, dulce amiga
te la pudo causar?

Sofronia

               Esta grandeza,
este fausto de Roma me fatiga.
Ansío soledad, reposo anhelo;
pluguiérame un lugar de aquí lejano
donde más puro se gozara el cielo,
más libre el aire y el placer. más llano.
Será un capricho mujeril si quieres,
mas a mí que te adoro, esposo mío,
tú me bastas, y el lujo y los placeres,

de contento en lugar, me dan hastío.
Si tú me amas así, la pompa deja
de esta corte imperial, y los honores;
de esta continua bacanal me aleja,
donde parecen mal castos amores.
Salgamos de esta Roma corrompida,
y uno para otro amor, mutuo consuelo
dulce llevemos y envidiable vida
en más tranquilo y retirado suelo.

Publio   No sé, Sofronia mía, qué adivino
de siniestro y fatal en tus palabras;
me extraña ese capricho repentino;
todo tu corazón fuerza es que me abras.
¿Qué temes, di? ¿Qué dudas? ¿Qué recelas?
¿Qué secreta razón o qué manía
a Roma te hace odiar? ¿Por qué me velas
tu recóndito mal, Sofronia mía?

Sofronia   Siempre, Publio, te amé.

Publio   Lo sé.

Sofronia   Por eso,
constante siempre, y respetada esposa,
guardar supe tu honor puro e ileso
en medio de esta Roma escandalosa.
Nunca temí que el viento corrompido
que en su recinto infame se respira
llegara a un corazón bien defendido;
mas esta débil esperanza expira.

Publio   Sofronia, si hasta a ti llegar osado
pudo algún miserable libertino,

muy mal con su razón lo ha consultado.
Nómbrale.

Sofronia   Es más fatal nuestro destino,
Publio. El suelo de Roma es una sima
que si con pronta fuga no evitamos
nos sorberá por fin; mi aviso estima,
y cree a mi corazón: Publio, partamos.

Publio   ¿Todo un glorioso porvenir es fuerza
que abandonemos? Mi fortuna crece,
nada hay que mi favor derroque o tuerza,
porque el Emperador me favorece.
Mío es su imperio; la pesada carga
del gobierno en mis hombros deposita,
y a mucho acaso mi ambición se alarga,
mucho Roma tal vez me necesita.
Te confieso en verdad que algunas veces
la licencia imperial me escandaliza;
mas hombre soy, y mi ambición atiza
el quererte ofrecer cuanto mereces.

Sofronia   No pienses, Publio, en mí: yo nada quiero;
tú eres mi único bien, mas odio a Roma,
y de ella pronto que me alejes quiero.

Publio   Sofronia, ahora dejarla es imposible.
¿Mi cargo renunciar, cuando a sus puertas
se acerca con ejército terrible
Constantino? Sospechas daré ciertas
de, traición a Majencio, y será acaso
mi sentencia de muerte mi renuncia.

Sofronia   Nuestra vida se encierra en frágil vaso,

14

Publio, y cercana tempestad se anuncia.
Esta ciudad de crimen, que se aduerme
arrullando el placer de sus señores,
tal vez anhela en su reposo inerme
otra estirpe mejor de emperadores.

Publio   ¡Sofronia!

Sofronia   Sí, la sangre y la vergüenza
el manto son en que se envuelve Roma.
¿Qué mucho, pues, que Constantino venza
a quien el yugo de la infamia doma?
¿Qué hace tu Emperador? Pisa y viola
cuantas leyes al pueblo dan amparo;
su imperio airado, y sin razón, asola,
y celebra sus vicios con descaro.
Contribuciones sin poder impuestas,
en festines opíparos destruye,
embriaga al vulgo con inmundas fiestas
y las damas romanas prostituye.
Despierta, Publio; nada está seguro;
un capricho imperial lo puede todo,
y penetra el recinto más oscura
su malicia infernal de cualquier modo.

Publio   Basta, Sofronia, basta; te comprendo.

Sofronia   Mira.

(Dándole la carta del Emperador.)

Publio   ¡Y así me pagas mis servicios!
¡Y mientras yo tu imperio te defiendo,
víctima soy de tus horrendos vicios!

Claro lo veo al fin: ¡tanta privanza,
tanto imperial favor, tanta ventura,
mi fe y mi lealtad no me la alcanza!
¡Es el precio no más de su hermosura!
¡Basta, tirano; tu vileza entiendo!

Sofronia   Salgamos, pues, de Roma.

Publio   Sí, salgamos,
mas en las sombras de la noche, huyendo,
antes que en su poder, ambos caigamos.
Tengo ¡oh! Sofronia mía! felizmente,
regio poder, y una orden de mi mano
nos franqueará las puertas libremente,
y el furor burlaremos del tirano.
¡Oh! ¡Bien mi corazón me lo decía!
No en vano fermentaban mis recelos.
Tienes razón; huyamos, alma mía,
y amparen píos nuestro amor los cielos.

Sofronia   Publio, y que pronto sea, porque acaso
ya la astuta serpiente se introduce
bajo el lecho nupcial, y un solo paso
a la infamia o a la muerte nos conduce.

Publio   ¿Tienes valor?

Sofronia   Sí, Publio, para todo
todo lo renuncié por amor tuyo,
y a cuanto me ordenares, me acomodo:
«quédate», y permanezco; «húyele», y huyo.

Publio   Pues apréstate a huir; oro recoge
que nos compre otra vida en otra tierra,

y que halle el gavilán, cuando se arroje,
que ya la red al colorín no encierra.

Escena V

Publio, solo.

Inútil fue mi esfuerzo; inútil, vano,
mi afán en ocultarla de sus ojos;
todo lo mina su poder tirano,
y no tienen ya frenos sus antojos.
Único amigo en quien fiar podía,
solo leal que por su bien velaba,
cuanto me honraba más, más me vendía,
y en contra de mi honor más conspiraba.
Siga su suerte, pues, sígala solo;
no en él la sed de sangre se despierte,
y al fin concluyan el amor y el dolo
en vil sentencia de venganza y muerte.
Siro...

Escena VI

Publio y Siro, esclavo.

Su curso al concluir la Luna,
debajo de los pórticos de Vesta,
sin que lleguen a dar sospecha alguna,
tres caballos veloces nos apresta.
Si nos sacas de Roma, serás libre;
mis jardines te doy de Lucretila,
y al otro lado en viéndonos del Tibre,
cuantos caballos deje en pos, mutila.
Parte.

Escena VII

Publio   Adiós para siempre, áureo palacio,
morada de los Césares augusta,
alcázar imperial, de cuyo espacio
se aleja la virtud triste y adusta.
Yo, riqueza y poder, gloria, esperanza,
renuncio sin pesar; y noblemente,
sin intentar sacrílega venganza,
delante del honor doblo la frente.
Eres mi Emperador; yo no repelo
tu ley augusta, mas si torpe mano
pones en nuestro honor, huyo al tirano,
y juzgue de ambos la razón el cielo.

(El Emperador Majencio se acerca por el fondo de los jardines.)

Mas él se acerca; rondador taimado
del ajeno tesoro, astuto emboza
con velo de amistad el preparado
dardo traidor que en aprestar se goza.

Escena VIII

El Emperador y Publio

Emperador   Publio...

Publio   ¡Salud, Emperador Augusto!
Tan excelso favor mi orgullo colma.
¡Vos mismo descender a mi morada!

Emperador   Sin duda, Publio, que descienda importa.

Graves cuidados sin cesar me abruman,
graves temores sin cesar me acosan,
y echar sobre tus hombros necesito
este peso molesto que me enoja.

Publio

Mandad, señor.

Emperador

                    ¿Qué, Publio, me valiera
del grande imperio la soberbia pompa,
si yo mismo tuviera que ocuparme
en cuidar de mi imperio y mi corona?
Las dignidades vuestras, si eso hiciere,
inútiles al fin me fueran todas,
y en lugar del señor, fuera el esclavo
quien el sacro laurel ceñirse logra.
Yo lo entiendo mejor: lidien mis Césares,
defiendan mis Pretores las remotas
fronteras del Imperio, mas en tanto,
dulce tranquilidad disfrute Roma.
De las fiestas de Flora y Baco, quiero
renovar las antiguas ceremonias;
quiero que el vulgo se divierta y goce,
y el árbol del placer nos preste sombra.
Francos los almacenes imperiales
para el pueblo romano, desde ahora,
de Italia y Grecia los antiguos vinos
para la alegre muchedumbre corran.
Salgan audaces las Bacantes, salgan
de sus templos las vírgenes hermosas,
y dancen en las fiestas Lupercales
las esclavas a par con las matronas.
Mi imperio es de deleites y de dichas;
el tiempo es breve y la existencia corta;
quiero que el pueblo por placeres solo

cuente no más de mi reinar las horas.

Publio   Señor, estando, en rebelión doquiera
                  las provincias lejanas...

Emperador   ¡Me acongoja
                  que me hablen de provincias y de pueblos
                  que se rebelan! Publio, ¿qué me importa
                  que vayan mis provincias a otras manos,
                  de las mías pasando unas tras otras?
                  Capaz de mil imperios es la tierra;
                  lógrelos, pues, quien más los ambiciona.
                  Cámbiese al fin cada provincia en uno,
                  como el imperio mío sea Roma.
                  Me canso de escuchar reconvenciones,
                  Prefecto; mi paciencia se desborda,
                  y hacer un escarmiento determino
                  que muestre mi justicia vengadora.

Publio   Hablad.

Emperador   Sabes que en Roma hay una raza
                  que de severa rectitud blasona,
                  y que a todo se atreve y falta a todo,
                  culpando a nuestra edad de impía y loca.

Publio   Los cristianos, señor.

Emperador   Sí, los cristianos,
                  que inculcan su creencia mentirosa
                  en las pueriles almas de los crédulos
                  y al cielo ofenden y a la ley provocan,
                  ante las mismas puertas del palacio,
                  con extraña osadía escandalosa,

han fijado pasquines esta noche,
muerte a mi estirpe amenazando pronta.
Bárbaro llaman al romano pueblo,
y de sus dioses de metal se mofan,
y con el signo de la Cruz infame,
sus pasquines sacrílegos coronan.
Pues bien: quiero mostrarles lo que puede
mi raza noble aun, a extinguirse próxima;
quiero que sacrifiquen o que mueran;
perjuros han de ser, o muertos. Toma,

(Dale pliegos.)

Publio; a cumplir disponte mis decretos;
de ellos no ha de quedar rastro ni sombra;
ocho veces han sido exterminados,
en mi reinado, pues, será la nona.
Sus cabezas pondré por los caminos,
con sus pieles haré curtir alfombras,
y expondré sus mujeres en los circos
por diversión y escándalo de Roma.

Publio   Mirad...

Emperador   No miro nada: al punto, Publio,
mi voluntad publica; todos oigan
su dicha o su sentencia, y que comiencen
su exterminio y mis fiestas con la aurora.

Publio   Señor...

Emperador   Silencio: sin cumplir mis órdenes,
¡ay de tu vida si a palacio tornas!

Publio (Aparte.) Tirano astuto, tu intención comprendo:
lejos me quieres, mis estancias solas,

porque el triunfo más fácil te figuras;
mas ¡ay de entrambos si mi saña enconas!

Escena IX

El Emperador y Silano

Emperador (Sale Silano.)	Silano...

A ese hombre por doquier se espíe;
lleva en su corazón sospecha sorda
y de todo es capaz su ánimo osado
a impulso de los celos que le ahogan.

Silano   Bien espiado está: ni una palabra,
ni una acción, ni la idea más recóndita
se escapará a los linces que le cercan.

Emperador   Intentará tal vez...

Silano   Su esclavo ahora
dispone sus caballos más veloces,
y a favor de la noche protectora,
partiendo de les pórticos de Veste,
saldrán de la ciudad él y Sofronia.

Emperador   ¿Es, pues, Silano, el disimulo inútil?
¿Inútil mi templanza generosa?
¿Fuerza será que de una vez anuncie
mi imperial voluntad?

Silano   Su misma boca
le reveló el secreto, y ella misma
le entregó vuestra carta; nada ignora.

Emperador	Tórnese, pues, en ley este capricho: todas las vallas de mi amor se rompan, y aprendan de una vez que a los esclavos solo postrarse ante el señor les toca. De ese Publio me cansa la justicia, su rectitud estúpida me enoja, y no quiero escucharle los consejos con que el placer me amengua o me le estorba. Juez le nombro de hoy más de los cristianos Procónsul va de mis provincias todas a exterminar en todas a esa raza que de un suplicio vil el signo adora. Así le mantendré de Roma lejos, y de mí mismo así gozaré en Roma. Mis antojos son ley: todos la acaten: derecho es éste que mi sangre goza. Cuida de que se cumplan mis mandatos, que arda mi imperio en fiestas ostentosas; y esa fiera beldad aquí condúceme, Silano, y estas salas abandona.
Silano	Halagadla, señor, que es muy altiva, y a los amigos su cerviz no dobla.
Emperador	La amo como jamás amé a ninguna, pero si nada mi cariño logra, soy el Emperador, y a fuerza o ruego, todo ante el sacro Emperador se postra.

Escena X

El Emperador	Lejos, de mí la máscara: parezca ital cual es la pasión que me devora,

y caiga de una vez en poder mío
de esa beldad la apetecida joya.

Escena XI

El Emperador y Sofronia

(Silano, que la conduce, se aleja por el fondo, dejándola en Escena.)

Emperador
(Hela aquí: su beldad admiro mudo.)
Salve, ioh Sofronia!

Sofronia
Augusto, ya os saludo.

Emperador
Deja, deja la grave ceremonia
y humilde tono para el vulgo rudo.
Tu esclavo soy, no mas: manda, ioh Sofronia!

Sofronia
Excusadme, señor, frases molestas
de galanteos, para mí perdidos,
que ni en mis labios hallarán respuestas,
ni hallarán atención en mis oídos.

Emperador
Ya sé que, mis ofertas rehusando,
mis amorosas cartas no leíste;
y ya sé qué, mi enojo despreciando,
a mi esclavo, tenaz, «nunca», dijiste.
Mas tu obstinada resistencia entiendo:
conoces lo que vale tu hermosura,
y a mis ojos la estás encareciendo:
bien haces, ioh celeste criatura!
Mas baste ya de tu rigor injusto,
bañe tu faz, bellísima Sirena,
en vez del ceño que la entolda adusto,

sonrisa de placer dulce y serena.
¿De qué te sirve ¡oh ninfa encantadora!
tu ardiente corazón y tu hermosura,
si se te va la vida hora tras hora
en calma triste y soledad oscura?
Otra existencia de placer te brinda
mi poder y mi amor: deja que al cabo
el tuyo, hermosa, a mi pasión se rinda;
déjame que a tus pies expire esclavo.

Sofronia   Señor, mi corazón mentir no sabe:
no os amó nunca; y vuestro impuro halago,
imposible ha de ser que de él recabe
un solo impulso del amor más vago.
Vos lo veis: encerrada eternamente
de mi cámara oculta en el retiro,
se desliza mi vida dulcemente,
sin que el placer de esta ciudad demente
me arranque al corazón solo un suspiro.
Noble, rica, envidiada y bien querida,
podría yo llevar, si me pluguiera,
inquieta, alegre y disipada vida,
como vos la lleváis y Roma entera,
y así, dejando vuestra ley cumplida,
a tachármela nadie se atreviera;
mas yo sé bien lo que a mi honor le debo,
y vida tal, porque me importa, llevo.

Emperador La llevas, pobre tórtola enjaulada,
la llevas, porque nunca has sospechado
que tras los muros de que estás cercada,
otra vida hay mejor que no has gozado.
¿Sabes tal vez cuán plácidas las horas
se van, fuera de este ámbito sombrío?

¿Sabes tú cuántas fiestas seductoras,
cuánto en delicias hierve encantadoras
esa ancha Roma del imperio mío?
Un imperio de dicha y bienandanza,
donde el único fin es la ventura,
un imperio de amor, donde no lanza
su rayo el duelo, y el pesar no alcanza,
y donde reina libre la hermosura.
Pues bien: del universo soberano
no hay nada que a mi antojo se resista;
ese imperio feliz está en mi mano,
yo le pongo a tus pies, es tu conquista.

Sofronia
Apartaos, señor, ved que me ofende
de vuestra loca audacia la grandeza;
si la hermosura o el amor se vende,
no se ha vendido nunca la nobleza.

Emperador
Óyeme, y ve la asoladora llama
que tú en mi corazón has encendido,
fuego que más tu resistencia inflama,
y a odiar me arrastra cuanto tú no has sido.
Una sola mujer no hubo en mi imperio
a quien yo no llamara esclava mía;
nunca embozó mi amor vano misterio,
y mandaba mi amor, no se rendía.
Mas no así al tuyo el corazón se atreve,
que cuanto te ama más, más se recela,
y más conoce que arrastrarse debe
ante los sacros pies del bien que anhela.,
Rendido está; mas tiéndele una mano,
y tu planta en pos dél tiende a mi trono.
Reina; y si sirve de mi fe en abono
o halaga tu capricho soberano,

mándalo, y a tu voz, polvo liviano
será esa Roma que excitó tu encono:
el orbe entero se hundirá conmigo
si una sonrisa de tu amor consigo.

Sofronia   Basta, señor, que me afrentáis.

Emperador   ¡Sofronia!

Sofronia   Ya sé que vuestro imperio abominable
avergüenza a la misma Babilonia
por vuestro ejemplo torpe y execrable.
Ya sé que en Roma, sin pudor ni freno,
no hay más Dios que el placer,
más ley que el gusto;
cuanto os halaga a vos se da por bueno,
cuanto lleva al placer se da por justo.
Ya sé que al pueblo mantenéis esclavo
con la embriaguez del vino y la licencia,
sin que haya un corazón que sepa bravo
acotar vuestra bárbara impudencia:
sé que fiestas infames se instituyen;
leyes que la hermosura os esclavizan
y a las nobles matronas prostituyen,
y los vicios y el crimen divinizan.
Mas no llega hasta mí su aliento impuro:
en mí se estrella vuestra ley tirana,
que aquí en mi pecho, tras de doble muro,
entera vive la virtud romana.
¿Á mis plantas ponéis vuestra corona,
Emperador Augusto? Yo la piso;
sepa Roma que aún guarda una matrona
que la tuvo a sus pies y no la quiso.

Emperador	En fiera saña tu soberbia loca
	encendiera mi pecho, si pudieran
	palabras que han salido de tu boca
	producir más que amor. En mí no alteran
	el que yo te consagro, que esta llama,
	que un ánima vulgar sofocaría,
	con tu frío desdén crece en la mía;
	viento es tu voz que su volcán inflama.
	Yo te adoro, Sofronia; mas escucha,
	que aunque este amor no atajarán tus bríos,
	de él me cercenan indulgencia mucha,
	y van al fin a despertar los míos.
	Mi capricho es mi ley; de hierro o de oro,
	bajo mi cetro estás: de ambos elige.
Sofronia	Estoy en vuestras manos, no lo ignoro;
	mas prefiero la muerte, ya os lo dije.
Emperador	¡Muerte! Veamos, pues: fe ni ternura
	no bastan a rendirte a mis anhelos;
	derroque, pues, la fuerza tu bravura;
	todo ceda a mi amor.
Sofronia	¡Valedme, cielos!

(El Emperador se lanza hacia Sofronia. Ésta le huye, y en tal punto se presenta Silano por la derecha.)

Escena XII

El Emperador. Sofronia. Silano, apresurado y de repente.

Silano	Señor...

Emperador	¿Quién osa sin licencia mía hasta aquí penetrar?
Silano	Perdón, Augusto, pero así mi deber lo requería.
Emperador	¿Qué pasa, pues?
Silano	De vuestro edicto justo al oír la sentencia los cristianos, en tumultuosa sedición rompieron vuestras estatuas, con airadas manos.
Emperador	Y mis guardias, ¡por Hércules! ¿qué hicieron?
Silano	Dieron, señor, sobre ellos; pero Roma arde en nocturna lid, y este tumulto por todas partes incremento toma.
Emperador	Su sangre toda lavará este insulto. Al punto salga, sin piedad, Silano, numerosa cohorte pretoriana: no quede de esa turba ni un villano. Te sigo; y oye tú, fiera romana: Concluye para todos mi indulgencia: mi imperial voluntad, manda, no pide. Publio parte de Roma, es su sentencia; un día os doy, que de los dos decide. Mas cómo ha de acabar pesa y entiende: mañana mismo, al expirar el día, si aun tu arrogancia resistir pretende, él cadáver será, tú esclava mía. ¡Esclava tuya quien en Roma nace, tirano usurpador!

Emperador	Así me place:
	de Baco y Flora en el alegre templo
	tú la primera libación mañana
	conmigo harás, y servirás de ejemplo
	a la alegría y bacanal romana.
	Salvas a Publio así, y eso te abona:
	escoge, pues, la infamia o la corona.
Sofronia	Antes morir mil veces, vil tirano.
Emperador	Medítalo mejor: vamos, Silano.

Escena XIII

Sofronia	Se turba mi razón: convulsa, ardiente,
	al corazón la sangre se me agolpa,
	y la altivez, la indignación y el miedo,
	mi fe extravían, mi valor agotan.
	«El cadáver será, tú esclava mía»,
	dijo ¡Sentencia bárbara y diabólica,
	que con la infamia de la esposa amante
	la infame vida del esposo compra!
	¡Publio! ¡Mi bien!..., ¿te salvaré vendiéndote?
	¿Yo vida te he de dar a tanta costa?
	Jamás. Llama, tirano, a tus verdugos,
	nuestra sangra leal mezclada corra
	con indeleble mancha, al derramarse,
	salpicará tu rostro cada gota.
	Muramos, sí. Mas ¡ay! sueño, deliro
	¡que antes del vulgo vil nos hará mofa!
	Porque ¿qué de virtud ni gloria entiende
	esta generación torpe é hipócrita,
	ni esta ciudad envilecida y ebria

con el placer de sus inmundas orgías?
¡Evohé! gritarán: nuevo espectáculo
será para ellos la virtud heroica,
y al tigre azuzarán con sus aullidos
a consumar su crimen. ¡Espantosa
perspectiva, mas cierta! Sí, lo veo;
esos romanos nobles que ambicionan
el poder, hechos perros de sus príncipes,
mañana en una fiesta escandalosa
le cercarán, y de su boca misma
escucharán mi desdichada historia,
y le dirán: «Tenéis razón, Augusto,
es vuestra esclava, vuestro amor la honra;
rendida caiga, y de escarmiento sirva...»
Y ebrio él me hará llevar, y allí angustiosa
yo lloraré a sus plantas, arrastrándome
del solio hollado en la manchada alfombra,
mientras canta su triunfo y mi ignominia
al son alegre de las anchas copas.
Ese es el porvenir que me preparan:
sí, que a todos los Césares se arrojan,
todo su cetro lo atropella, todo
a su absoluta autoridad se postra,
y a par con ellos, la embriaguez del crimen
en su vaso imperial apura Roma.
¡Miserable de mí! De fuerza o grado,
en sus brazos caeré, sin que me acorran,
porque en un pueblo que su honor olvida,
fe y virtud y valor están de sobra.
Caeré..., y el triste Publio deshonrado,
blanco inocente de su injusta cólera,
errante, perseguido, esclavo, muerto...
¡Déjame, aparta, pesadilla odiosa!
Tentación infernal, ¡húyeme, déjame,

que a vacilar mi fe siento muy próxima!
Para tan grande prueba, ¡oh cielo santo!
virtud me distes en verdad muy poca,
pues aun vacila el corazón de tierra,
y el alma imbécil su deber ignora.

(Pausa: transición repentina: completo trastorno de ideas.)

No cederé jamás: muerta primero.
Mas si él se salva, cederé gustosa:
la fe..., el amor..., su muerte..., mi ignominia...
No puedo más deliro; me acongoja
este tropel de ideas...; mi cerebro,
mi corazón, mis ojos..., todo es sombra.
¡Paso, verdugos, paso! ¡Publio, sálvate!
Ya estoy aquí...: sacrificadme sola.

(Cae desfallecida.)

Escena XIV

Sofronia y Publio

Publio
    Llego al fin: allí está: ¡Sofronia, esposa!
Pero ¡ay de mí! ¿Qué es esto? ¿Qué afrentosa
sospecha infunde en mí tanto silencio?
¡Sofronia!

Sofronia
        ¡Atrás, verdugos de Majencio,
atrás!

Publio
    Sueña tal vez. ¡Sofronia!

Sofronia
        ¡Cielos!

                              ¿Quién me nombra? Esa voz...

Publio   ¡Sofronia mía!

Sofronia   ¡Publio!

Publio   Yo soy,

Sofronia   ¡Tú colmas mis anhelos,
                      cielo santo! Perdido te creía.

Publio   Y perdidos los dos sin duda estamos.

Sofronia   No, pero unidos otra vez nos vemos,
                      y sin mancilla aún nos conservamos.

Publio   Qué ¿el César...

Sofronia   Juntos ya no le tememos.
                      Mas pasa el tiempo, Publio: los instantes
                      preciosos son. ¿Y Siro, el fiel esclavo?

Publio   ¿Siro? De entre sus labios expirantes
                      el ay postrero de escucharle acabo.

Sofronia   ¡Cómo!

Publio   Es un caso horrendo.

Sofronia   Habla.

Publio   Escucha.
                      Hoy el Emperador, con nuevo edicto,
                      de Roma los cristianos ha proscrito.

Sofronia	¡A los cristianos!
Publio	Sí; mas gente mucha cuenta esa raza, que aunque ayer nacida, y ocho veces en Roma exterminada, cada día se ve más extendida y germina doquier bajo la espada.
Sofronia	La mantiene su fe.
Publio	Su fe me asombra. Yo, sujeto al tiránico dominio, iba con mis lictores en la sombra pregonando su bárbaro exterminio. A par mío el Prefecto pretoriano pregonaba también de Baco y Flora la fiestas. Inundó el pueblo romano las calles y las plazas a deshora; y la alegría en unos, la pavura en otros, lo distinto de los cultos en la turba, produjo prematura la delación, la lid y los tumultos. El pueblo y los soldados se metieron en repentina lucha: los romanos sobre la raza condenada dieron, y se cubrió la tierra de cristianos.
Sofronia	¿De su señor en contra se volvieron?
Publio	No: libres y sin armas en las manos, de indignación y miedo sin asomos, dijeron a una voz: cristianos somos.

Sofronia	¡Oh!
Publio	¡Me espantó su heroica osadía! Cerré el pueblo con ellos: bajó Augusto con cuantas haces en palacio había. Y yo, solo por ti sintiendo susto, solo pensando en su pasión funesta, entre el tumulto huí: corrí exhalado, busqué a Siro en los pórticos de Vesta, mas le hallé a puñaladas traspasado, nuestra fuga a Majencio manifiesta, y yo también a muerte condenado supe que fui con él. Sofronia mía, huyamos, si aún es tiempo todavía.
Sofronia	Es tarde, Publio: la imperial sentencia por doquier nos ataja: las salidas tomadas nos tendrán: no hay resistencia. Demos ¡oh Publio! al César nuestras vidas, pues suyas son; y al cielo soberano ileso demos el honor romano.
Publio	¿Nuestras vidas al César? ¿Yo a la muerte te he de entregar a ti, sin que el aliento me falte defendiéndote? ¿Yo verte resignado caer? No: ¡el firmamento antes sobre mi frente se desplome! Sígueme, pronto, ven: que no halle presa el león imperial cuando se asome. Partamos, pues.
Sofronia	De atormentarte cesa, Publio infeliz, que su decreto ignoras. Viendo él mismo que nada me rendía,

de nuestras vidas aplazó las horas.
«Mañana, dijo, al expirar el día,
si rendida a mi ley, mi ley no adoras,
él cadáver será, tú esclava mía.»

Publio

¡Villano! ¿Conque al fin desesperados
moriremos los dos o deshonrados?

Sofronia

No, sino en calma, y como a nobles toca.

Publio

Tienes razón, Sofronia, te comprendo.
Sálvenos este acero (su puñal), y su ira loca
muertos nos halle aquí.

Sofronia

¿Qué estás diciendo?

Publio

Noblemente es morir...

Sofronia

¿Eso es nobleza?

Publio

Me confundes, Sofronia; no te entiendo:
¿cómo salvar si no nuestra cabeza?

Sofronia

¿No me has dicho que has visto a los cristianos
con su humildad burlar su impía saña
entregándose inermes en sus manos?

Publio

En su fe, esa humildad es una hazaña;
mas en la nuestra, quien su honor aprecia
muere como Catón, como Lucrecia.

Sofronia

Publio, para burlar su ley tirana,
¿no alcanza más tu corazón pagano?

Publio	No: ¿qué poder atajará al tirano?
Sofronia	El poder de mi fe: yo soy cristiana.
Publio	¡Dioses, cristiana tú!

Sofronia
                    Mi madre lo era,
su fe es la mía: mas la fuerza adora
de esta fe, de los flacos protectora,
que tu honra salva y mi virtud entera.

Publio
¡Cristiana!... ¡Oh nueva y doble desventura!
¡Por tu proscrita fe blanco de su ira,
codicia de su amor por tu hermosura,
el mundo entero contra ti conspira!

Sofronia
Mi fe, del mundo entero me asegura.
Ve, Publio, de mi Dios la omnipotencia,
pues nos alienta su creencia santa
a ofrecer con tan noble indiferencia
al hierro y al dogal nuestra garganta.
Ve el poder de este Dios que a la inocencia
y a la debilidad da fuerza tanta,
que nos hace morir dando a la vida
deseada y alegre despedida.

Publio
Que a los verdugos sin piedad te arroja,
que de los brazos de mi amor te arranca.
¡Injusto Dios por quien de sangre roja
teñirse veo tu garganta blanca,
y a quien no impido mi mortal congoja,
ni el llanto que en mis párpados se estanca,
que cuanto en ti esperé no me destruya
solo porque mi fe no es la fe tuya!

Sofronia	No, Publio: ¡Dios, que nuestro amor ampara,
	que guarda nuestro honor ileso y puro;
	Dios, cuya gloria mi baldón repara;
	Dios, que me arranca del tirano impuro;
	Dios, que en pos de la muerte me prepara
	reino más duradero y más seguro;
	Dios, en quien busco en la aflicción asilo
	con fe sincera y corazón tranquilo
	Ese es mi Dios, ¡oh Publio! no esa impía
	creencia terrenal de oro y placeres
	que de nada nos vale en este día.
Publio	Grande es el Dios por quien tan grande mueres,
	muy grande es ese Dios, Sofronia mía,
	que a los niños inspira y las mujeres
	ese valor insigne que me espanta.
Sofronia	Publio, el cielo es alfombra de su planta.
	No hay a sus ojos sombras ni misterios,
	nada pueden contra él nuestros tiranos;
	su soplo pulveriza los imperios.
	Publio, ese es Dios: el Dios de los cristianos.
Publio	Pues bien, Sofronia, acato su grandeza,
	su majestad conozco y fortaleza:
	mas no querrá ese Dios, es imposible
	que quiera que te expongas vanamente
	del tirano a la cólera terrible.
	Ven; justo es que antes libertarte intente
	por cuantos medios procurarme pueda:
	ven; si a tu salvación no hallo camino,
	el muro santo de tu fe te queda;
	cumple, Sofronia mía, tu destino.

| Sofronia | Pronto se cumplirá: mira. |

(Sofronia señala al fondo, hacia donde Publio se vuelve, retrocediendo espantado.)

Escena última

El Emperador aparece acercándose por el fondo de los jardines, precedido de los lictores, acompañado de Silano, y seguido de esclavos con hachones y soldados pretorianos que se colocan detrás de la balaustrada de piedra que divide el pórtico de los jardines, y repartidos en vistoso grupo. El Emperador viene con su vestidura imperial y con todas las insignias de su poder, y avanza solo hasta el primer término del Escenario, quedando Silano en el fondo delante de la balaustrada.

Publio (Viéndole cuando Sofronia le señala.)
> ¡Majencio!

Emperador (A Silano.) Helos allí a los dos: razón tenías.

Publio   Henos, tigre feroz.

Sofronia   ¡Publio, silencio!
No provoques audaz sus tiranías.

Emperador   (Bajando ya a la Escena.)
Tú entretanto, Silano, en Roma entera
desploma sin piedad mi saña fiera.
Perezcan de una vez esos villanos;
honda sed de su sangre me devora.
¡Me provocan! Pues bien: desde la aurora,
que expongan en el circo a los cristianos;
abra sus fiestas con su sangre Flora,

(A Publio, con ira.)	y espectáculo den a los romanos. ¿Aquí estás tú, Prefecto? ¿Es éste acaso el lugar que te di?
Sofronia	Perdón, Augusto.
Emperador	Para nadie le habrá: un solo paso os resta nada más, cumplir mi gusto. Rinde tu orgullo, o al lucir el día, víctimas de mi ley, justa o tirana, él cadáver será, tú esposa mía.
Sofronia	No, Emperador: tu misma tiranía me arranca a tu poder. Yo soy cristiana.
Emperador	¡Tú cristiana también!
Publio (A los pies del Emperador.)	Perdón, Augusto; miente. No más porque tu amor rehúsa, del falso crimen de impiedad se acusa. Miente, miente, señor.
Sofronia	Pavor ni susto la muerte no me da: mi audacia excusa, Publio: cristiana soy: que muera es justo.
Publio	Por los años, señor, que os he servido y lides que por vos he peleado, su falsa acusación dad al olvido: no es cristiana, señor, os ha engañado. Vuestra es, señor; salvadla, y vuestra ira cébese solo en mí, no en su mentira.

Emperador   Me atosiga la cólera.

Sofronia (Al pueblo y soldados.)
                                      Romanos,
             noble soy; y de Roma ciudadana,
             no puedo esclava ser; mas soy cristiana,
             y me cumple morir con mis hermanos.
             Esa es la ley.

El pueblo y los soldados ¡Sí, sí, muera!

Emperador   En buen hora,
             muera; gusto os daré: mas oye cómo.
(A Publio.)
             Yo la expondré en mitad del hipodromo,
             y escarnio de la turba mofadora
             su desnudez será: su vista impura
             hozará su nobleza y su hermosura.

Publio   ¡Deshonor tan infame!

Emperador   Sí; y tú, atado
             en medio de la arena bajo un yugo,
             su vergüenza verás.

Publio   Antes, malvado,
             sea mi propio brazo su verdugo.

(La hiero con su puñal.)

Emperador   ¡Villano!

Sofronia (Cayendo.)
                       Publio, bien.

(Al Emperador.)

Nada tu encono
puede ya contra mí: con honra muero.

(A Publio.)

Publio, recibe tú mi adiós postrero.

(Al Emperador, y haciendo el último esfuerzo.)

Augusto, Emperador, yo te perdono.

Emperador	¡Qué has hecho, miserable! Me horrorizas. ¡Quitádmele de aquí! Llevadle al fuego, y esparcid por el viento sus cenizas.
Publio	Yo me espanto también; llevadme luego. Impulso fue del corazón pagano, mas fue el impulso de su misma estrella que me arrastra a mi bien. Pueblo romano, quiero partir mi eternidad con ella. Yo a las fieras también... Yo soy cristiano.

Libros a la carta

A la carta es un servicio especializado para
empresas,
librerías,
bibliotecas,
editoriales
y centros de enseñanza;
y permite confeccionar libros que, por su formato y concepción, sirven a los propósitos más específicos de estas instituciones.

Las empresas nos encargan ediciones personalizadas para marketing editorial o para regalos institucionales. Y los interesados solicitan, a título personal, ediciones antiguas, o no disponibles en el mercado; y las acompañan con notas y comentarios críticos.

Las ediciones tienen como apoyo un libro de estilo con todo tipo de referencias sobre los criterios de tratamiento tipográfico aplicados a nuestros libros que puede ser consultado en Linkgua-ediciones.com.

Linkgua edita por encargo diferentes versiones de una misma obra con distintos tratamientos ortotipográficos (actualizaciones de carácter divulgativo de un clásico, o versiones estrictamente fieles a la edición original de referencia).

Este servicio de ediciones a la carta le permitirá, si usted se dedica a la enseñanza, tener una forma de hacer pública su interpretación de un texto y, sobre una versión digitalizada «base», usted podrá introducir interpretaciones del texto fuente. Es un tópico que los profesores denuncien en clase los desmanes de una edición, o vayan comentando errores de interpretación de un texto y esta es una solución útil a esa necesidad del mundo académico.

Asimismo publicamos de manera sistemática, en un mismo catálogo, tesis doctorales y actas de congresos académicos, que son distribuidas a través de nuestra Web.

El servicio de «libros a la carta» funciona de dos formas.

1. Tenemos un fondo de libros digitalizados que usted puede personalizar en tiradas de al menos cinco ejemplares. Estas personalizaciones pueden ser de todo tipo: añadir notas de clase para uso de un grupo de estudiantes, introducir logos corporativos para uso con fines de marketing empresarial, etc. etc.

2. Buscamos libros descatalogados de otras editoriales y los reeditamos en tiradas cortas a petición de un cliente.